Atrocités Grecques

DANS LE

Vilayet de Smyrne

(Mai 1919)

DOCUMENTS INÉDITS ET TÉMOIGNAGES DES OFFICIERS ANGLAIS ET FRANÇAIS

(1ʳᵉ série)

PUBLIÉS PAR LA LIGUE POUR LA DÉFENSE
DES DROITS DES OTTOMANS

GENÈVE
IMPRIMERIE NATIONALE
1919

COMITÉ CENTRAL DE LA LIGUE OTTOMANE:

AHMED DJEVDET BEY, Directeur-Propriétaire du journal « l'Ikdam ».

AHMED IHSAN BEY, Directeur-Propriétaire du « Servet-i-Funoun » et du « Soir ».

CHUKRI PACHA, Général de Division.

EMINE BEY, ancien Chambellan de la Cour Impériale.

HALID ZIA BEY OUCHAKI, Recteur de l'Université de Constantinople.

MOUKHTAR BEY EL KÉVAKIBI, ancien Conseiller d'Etat.

NOURY AZIZ BEY, Administrateur-délégué des Coopératives turques de Smyrne.

RÉCHID MUMTAZ PACHA, ancien Préfet de Constantinople.

RÉCHID SAFVET BEY KARA SCHEMSI, Conseiller d'Ambassade honoraire et *Secrétaire général de la Ligue*.

SAMI BEY, ancien Député.

Atrocités Grecques

DANS LE

Vilayet de Smyrne

(Mai 1919)

DOCUMENTS INÉDITS ET TÉMOIGNAGES DES OFFICIERS ANGLAIS ET FRANÇAIS

(Ire série)

PUBLIÉS PAR LA LIGUE POUR LA DÉFENSE
DES DROITS DES OTTOMANS

GENÈVE
IMPRIMERIE NATIONALE
1919

à

Pierre Loti

la Ligue Ottomane reconnaissante

L'ancien Eyalet devenu, depuis trois quarts de siècle environ, le Vilayet actuel de Smyrne est le plus beau fleuron asiatique de la Couronne Ottomane.

Occupé par une majorité écrasante de Turcs, même antécédemment aux Seldjoukides (Xe siècle), il constitue, entre toutes les provinces d'Anatolie, la plus peuplée, la plus riche et la plus prospère. Ses habitants sont renommés par leur bravoure et leur robustesse proverbiales. Il y a 1,500,000 Turcs, cultivateurs pour la plupart, contre 300,000 Grecs qui exercent le commerce et la contrebande.

Depuis le rétablissement de la Constitution (1908), les Turcs de Smyrne et d'Aïdin furent, parmi tous leurs congénères de l'Empire, ceux qui se livrèrent à plus d'entreprises agricoles et industrielles et firent ainsi une concurrence redoutable aux Grecs qui s'enrichissaient sans effort en accaparant les produits de l'Hinterland par la création de trusts d'achat et d'exportation.

Pendant les deux dernières guerres — alors que les négociants grecs fuyant le service militaire ottoman aussi bien du reste que la conscription hellène, s'abattaient sur les marchés d'Alexandrie, de Marseille, de Vienne, de Suisse et d'Amérique qui s'en ressentirent d'ailleurs fort amèrement, — le commerce du Vilayet de Smyrne passa tout entier aux mains des Turcs agriculteurs qui pour se défendre contre les mêmes dangers à l'avenir, créèrent de nombreuses banques locales, des fabriques et des coopératives de producteurs.

La dernière ruade grecque lancée à la faveur de l'armistice — qui avait imposé la démobilisation des armées ottomanes auxquelles fut confisquée toute leur artillerie de campagne — n'est en définitive qu'un assaut des parasites évincés par l'éveil de l'initiative turque. C'est l'assouvissement de la rage impuissante des accapareurs et des usuriers dépossédés sans espoir, non de leurs biens propres, mais de leurs champs d'exploitation séculaires. Les détachements réguliers et les bandes de comitadjis grecs ont terrorisé, puis livré à feu et à sang ces contrées paradisiaques que le régime ottoman avait su préserver de toute incursion pendant cinq siècles. Une des rares provinces ottomanes, qui n'avaient pas vu de combat sur leur sol depuis cinq cents ans, vient d'être le théâtre d'une invasion hideuse qui, en quelques jours, l'a rendue pareille aux perpétuels champs de combat de Macédoine; et Smyrne notre belle Smyrne est ainsi menacée de suivre le sort lamentable de Salonique qui sous l'administration grecque a perdu plus de la moitié de sa population et de son importance économique.

Aucune infamie n'a été épargnée aux habitants de cette partie de l'Anatolie; les pillages, les incendies, les viols, les tortures, les massacres, et l'exode de ceux qui purent échapper au martyre, ont transformé ce merveilleux pays en un immense désert. *Près de 50,000 Turcs y ont péri dans les plus affreux tourments, tandis que 300,000 autres fugitifs errent sans pain, sans remède, sans gîte et sans ressource tout autour de la zone d'occupation grecque devenue un enfer pour les Musulmans.* Que l'Agence d'Athènes ait au moins la pudeur de ne plus venir nous corner les oreilles d'abracadabrantes nouvelles de soi-disant pétitions que les Turcs adresseraient aux suppôts de Vénizélos pour témoigner de leur contentement du régime hellénique!!! De mémoire humaine on n'avait poussé l'impudence à ce point. Ce n'est pas dire qu'elle restera impunie..

Quel que puisse être le régime sous lequel nous vivrons, l'Hellénisme offrira toujours prise à la poigne de nos morts.

Tel a été pourtant l'effet d'un impérialisme mercantile, d'une mégalomanie politique, scandée de perfidie, qu'encourage l'Europe ignorante de la capacité d'intrigue, de mensonge, et de malfaisance des Grecs modernes. Désormais la haine accrue, établie à demeure, indéracinable entre Turcs et Grecs fera de cette province jadis florissante le champ clos d'une lutte qui ne se terminera que par l'élimination complète d'un élément ou de l'autre. Toute réconciliation devient désormais impossible. Les fiers Ottomans, qu'aucun peuple au monde ne parvint à réduire en esclavage, ne pourront oublier l'infernal acharnement avec lequel les troupes et les bandes de brigands hellènes cherchèrent à exterminer les Turcs désarmés d'Anatolie, en y renouvelant, sur une beaucoup plus vaste échelle, les méthodes sanguinaires et les procédés barbares appliqués avec tant de succès, sous les yeux de la chrétienté silencieuse, en Thessalie, en Crète, en Epire, en Macédoine et aux Iles d'où elles surent éliminer en vingt ans les $^3/_4$ de la population non-chrétienne soit plus de trois millions de Musulmans. Que l'on consulte, que l'on compare les statistiques, toutes celles qui existent, sauf, de grâce, celles des Grecs qui dans une ville de 100.000 habitants de races diverses trouvent moyen de compter 200.000 Grecs.

Le récit des crimes et forfaits perpétrés à Smyrne et dans la vallée d'Aïdin fait frémir les gens les plus blasés par cette guerre, dépasse en horreur tout ce que l'entendement humain pourrait concevoir et rappelle en férocité l'invasion de Tamerlan dans la même province il y a cinq siècles. Les agissements les plus inhumains du déplorable régime unioniste — qui ne fit en somme que déporter sans ménagement les populations côtières grecques inculpées d'espionnage, de trahison et de complicité avérée avec l'ennemi — ne sauraient se comparer à cette impitoyable et sanguinaire chasse au Turc qui, de l'aveu des témoins anglais, français et italiens, caractérise l'occupation grecque et la destruction systématique de notre chère province. On a vu des femmes grecques, des élégantes de Smyrne faire preuve d'une bestialité de Cafres, s'amusant, avec des chants et des rires, aux plus abjectes mutilations.

La Ligue Ottomane qui, aussitôt que les circonstances le lui permirent, se fit un devoir d'envoyer deux délégués spéciaux dans les territoires dévastés, est aujourd'hui en mesure d'exposer au public impartial, en Europe et en Amérique, des faits et des documents d'authenticité irréfragable, qui ne laissent plus l'ombre du doute sur les turpitudes innommables des ramassis de filous, de bandits, d'incendiaires et d'arrivistes amoraux, les métèques de Binet-Valmer, que l'ignorance de certains demi-lettrés persiste à confondre avec les anciens Hellènes.

N'en déplaise à Gauvain des *Débats* et aux autres journalistes stipendiés du ci-devant bandit Vénizélos, la victoire des Alliés ne saurait être considérée comme une victoire de la Croix sur le Croissant. Les Musulmans qui ont combattu dans les rangs des Alliés seraient surpris d'apprendre qu'ils ont versé leur sang pour une pareille cause. On leur avait solennellement affirmé toute autre chose en les invitant à se ranger sous la bannière de l'Entente.

En soumettant ces premiers rapports et témoignages à la fraction supérieure de l'opinion publique européenne qui déclare professer le même intérêt humanitaire envers tous les opprimés sans distinction de race et de religion, la Ligue Ottomane espère que les atrocités et les ignominies grecques dont les Turcs viennent d'être les victimes en Anatolie mériteront de retenir son attention, tout au moins, au même degré que les doléances exagérées à dessein des pseudo-chrétiens d'Orient.

La solution plus ou moins rapide et radicale de la question de Smyrne selon les vœux de la majorité turque de ses habitants servira de critère aux Musulmans pour juger de la bonne foi européenne à leur égard.

Genève, 15 août 1919.   K. S.

Les documents publiés dans cette brochure ne concernent qu'une partie seulement des régions ravagées par les Grecs.

Fragments extraits du rapport du délégué
de la Ligue Ottomane

... La haine, suscitée par les agissements incroyables des Grecs est telle que les femmes turques elles-mêmes se battent dans les rangs des paysans révoltés contre cette domination barbare. On les rencontre couramment dans les lignes de feu...

... Voici quelques faits qui se sont déroulés à Smyrne même :

1. — Le directeur général des douanes Aghiah Réfik bey, dont la femme est une Européenne, ne fréquentait que les étrangers et les Grecs. Sa principale occupation pendant ces cinq dernières années de guerre consistait à présider et à collaborer aux œuvres de bienfaisance grecques. Le jour de l'occupation il prit les armes de tous les fonctionnaires ses subalternes, les entassa dans une caisse et attendit l'arrivée des autorités militaires d'occupation. Bientôt un officier et quelques soldats arrivèrent et firent sortir Aghiah bey et ses subordonnés. Et tout de suite, là sur le quai, après les avoir dévalisés, pris leur montre, bourse et autres, on les emmena dans un bateau avec force coups de pied, de poing et de crosse. Plusieurs d'entre eux tombèrent sous les baïonnettes. C'est grâce à l'intervention de ses amis étrangers qu'Aghiah bey put se sauver.

2. — Le jour de l'occupation, les soldats hellènes, après avoir blessé et tué deux pauvres malheureuses devant la caserne, cernèrent dans le Palais du Gouvernement huit cents fonctionnaires et habitants turcs de la ville. Puis ils les mirent en rang et les conduisirent à travers la ville, les assommant de coups et d'injures, et les obligeant à crier « Vive Vénizélos ». Ils tuaient sur le champ ceux qui refusaient de le faire. Parmi ceux-ci ils remarquèrent que le colonel Suleiman Fethi bey, chef de la circonscription militaire du IVe Corps d'Armée, s'abstenait de crier. Ils lui en intimèrent l'ordre et sur son refus ils le lardèrent et le dépecèrent à coups de baïonnettes, sur le quai même, devant des milliers de spectateurs. Pendant le trajet ils prirent les bourses, les montres et autres objets précieux de tous les Turcs qui formaient ce triste convoi. Tous ces gens furent emprisonnés au bâtiment de la Bourse. Le nombre des Turcs arrêtés sous les plus futiles

prétextes le premier jour de l'occupation montait à 26.000 personnes.

3. — Il est intéressant de remarquer que les dames élégantes de la haute société grecque de Smyrne considérèrent comme un acte de patriotisme d'insulter et de repousser du pied les cadavres des pauvres martyrs turcs sauvagement assassinés dans les rues par la horde et la soldatesque grecques.

5. — Le jour de l'occupation, un sergent et quatre soldats turcs portant des brassards du Croissant Rouge étaient appréhendés par des soldats grecs. Traînés devant la grande bâtisse de l'Oriental Carpet, ils furent de dos percés de coups de baïonnettes et tués sous les yeux de centaines d'étrangers massés dans les rues et aux fenêtres. Le sergent est un pharmacien turc très connu de la ville. Ce meurtre est consigné dans le rapport fait à son Gouvernement par le colonel anglais Lymp, qui s'est rendu lui-même chez le pauvre pharmacien victime, et a donné 50 livres turques à sa famille et ses enfants.

6. — Lors du massacre des Turcs à Ménémen par les Grecs, le colonel anglais Smith se rendait de Constantinople à Smyrne. Ayant entendu des clameurs, il descendit du train et accompagné de deux soldats anglais se rendit en ville; il arriva juste à temps pour voir les Grecs à l'œuvre, en flagrant délit de massacre. Les Grecs ont prétendu qu'un soulèvement de la population les avait obligés à cela; mais personne dans la ville n'était armé, à part les quatre gendarmes et le gouverneur, dont les corps gisaient devant le bâtiment gouvernemental. Les Grecs avaient deux bataillons entiers contre ces quatre gendarmes armés. Les rapports de la mission d'enquête internationale et des docteurs américains confirment ce fait. Ils n'ont trouvé pour être soignés que onze blessés seulement contre 759 cadavres turcs et ils ne se sont pas gênés pour faire remarquer aux Grecs cette disproportion révoltante.

7. — Le jour de l'occupation, une quinzaine de malandrins et de soldats grecs pénétrèrent chez l'ancien secrétaire général de la province, et violèrent à tour de rôle sa femme et ses deux filles. Le même malheur a atteint l'ancien commandant du port Sinan Bey.

Si les personnalités aussi haut placées souffrirent de pareils traitements, on peut aisément s'imaginer ce qui a dû arriver à des personnes de moindre importance.

On entend couramment à Smyrne les récits inédits de nombreux actes d'ignominie analogues.

Déclarations du Président de la Délégation des territoires dévastés de la vallée d'Aïdin

Le président de la députation populaire, envoyée à Constantinople pour faire connaître aux Puissances les atrocités helléniques, a fait les déclarations suivantes :

Les villages suivants de la vallée d'Aïdin, l'une des régions les plus riches et les plus prospères du monde, sont complètement incendiés et détruits par les hordes grecques :

Kermendjik	800	maisons
Erbeyli	300	»
Karapounar	500	»
Karabagh	150	»
Nechétié	100	»
Sinir Tekké	150	»
Hizirbeyli	200	»
Eumer Beyli	200	»
Reiss Keuy	150	»
Kerankova	200	»
Ekiz Déré	50	»
Kizildja Keuy	200	»
Ahir Keuy	200	»
Eymir	200	»
Yeni Keuy	150	»
Kadi-Keuy	120	»
Osman Buki	250	»

soit plus de 4000 maisons habitées par près de 15.000 personnes dans cette seule vallée des larmes. Le feu était visible du pont sur le Méandre et des hauteurs de Kotcharli.

Addendum

1. — Le train allant de Dénizli à Smyrne a été arrêté à Ephèse et les 90 voyageurs turcs, hommes et femmes qui s'y trouvaient,

furent sommés de descendre. Et là en pleine rue, sous les yeux de leurs mari, père ou frère, les femmes sans distinction d'âge furent violées et ensuite tous les voyageurs furent massacrés. Parmi ceux-ci le lieutenant Salih Eff, originaire de Tripoli, et un capitaine dont le nom n'est pas connu, et auxquels les autorités helléniques avaient donné des sauf conduits, furent tués avec des tortures particulièrement atroces.

2. — Avant la bataille, la femme de l'avocat Enver Bey qui venait de son jardin a été maltraitée par les soldats grecs; on l'a dépouillée même de ses habits et sa servante Assié fut violée.

3. — Derwich Arab, un pauvre marchand d'amulettes, originaire de Benghazi a été tué à Tchaouch Keupru.

4. — Les deux percepteurs des finances, Mustapha et Ali Effendis furent tués de la façon suivante : ils ont eu les bras liés au dos avec des fils de fer et on a écrasé et fait sauter leur tête à coups de crosse.

5. — Pendant l'incendie de la ville, onze enfants, dont six fillettes et cinq garçons, qui fuyaient le feu, furent arrêtés par les soldats grecs au quartier Ramazan Pacha et jetés dans une maison juive en feu, près du pont où ils ont été brûlés vifs. Ce fait est affirmé sous serment par le commandant en retraite Hussein Husni Effendi qui l'a vu.

6. — L'horloger Ahmed Effendi et son fils Sadik furent arrêtés et arrachés de leur boutique. Le fils eut les yeux crevés et fut tué ensuite dans la cour de l'église grecque, mais on est sans nouvelle d'Ahmed Effendi.

7. — Au marché, lors de l'incendie, deux inconnus furent blessés à la baïonnette et ensuite liés l'un à l'autre, jetés au feu et brûlés vifs.

Les Grecs ont aussi tué beaucoup de Juifs. Voici les noms de quelques-uns :

Moussa Malki, cordonnier	tué
Bohor Lévy, tailleur	»
Bohor Israël, savetier	»
Isaac Calvo, cordonnier.	»
David Aroguété.	»
Moussa Larosse.	»
Gioia Katan.	»

Meryem Malki	. . . .	tué
Soultan Gharib	. . . .	»
Isaac Sabah	. . . .	blessé
Moché Fahmi	. . . .	»
David Sabah	. . . .	»
Moïse Bensignor	. . . .	tué
Sarah Bendi	. . . .	»
Jacob Jaffé	. . . .	blessé
Aslan Halégua	. . . .	»

Rapports des survivants du Quartier de Debbagh à Aïdin

Le 22 juillet 1335 (1919) à 8 heures du matin, au moment où les troupes helléniques se battaient contre les forces nationales en dehors de la ville, des soldats grecs mirent d'abord le feu au moyen de chiffons graissés à la maison de Yozgadli Hassan Effendi, sis au quartier Debbagh, et remplie de bois et d'herbes sèches.

La petite Fatma Dinarli Kizi qui voulait sortir de la maison pour se sauver, fut percée de baïonnettes et rejetée dans le feu où elle fut brulée. Dans le même quartier, une autre jeune fille, Eminé Hanoum, fille de Hafiz Moustapha Effendi, qui voulait de même fuir l'incendie fut aussi blessée et empêchée de sortir.

D'autres soldats et malandrins grecs sont entrés chez Ali Effendi. Après avoir tué ses deux fils Djemal et Raghib, ils ont mis le feu à la maison et incinéré sous les décombres les cadavres de ces deux malheureux. Ils ont emmené Zehra et Ismet Hanoums, la femme et la fille de Moustapha Effendi, qui se trouvaient dans la même maison. Jusqu'à maintenant on n'a aucune nouvelle à leur sujet.

Les Grecs ont d'autre part mis le feu avec des bombes incendiaires à la maison de Pechtemaldji Zadé Houdayi Effendi et blessé son domestique Ibrahim. Ainsi tout le quartier fut brûlé par les Grecs et ceux qui voulaient se sauver furent abattus à coups de fusil ou rejetés dans les flammes. De sorte que *dans notre quartier seul, 1483 personnes furent tuées à coups de fusil, mitrailleuse et bombes.*

Au trésorier-payeur gérant de la Sous-Préfecture d'Aïdin

Lors de l'arrivée des forces d'occupation helléniques dans la commune d'Iné-Abad, la population locale n'avait manifesté aucune résistance envers elles. Malgré cela, quand l'occupation fut étendue jusqu'à Aïdin et Nazilli, la conduite des soldats grecs qui étaient restés dans les stations de Baladdjik, Kermendjik, Erbeyli, Kara-Pounar et dans les villages environnants, fut plus que brutale envers la population. Ils commencèrent à s'approprier les animaux domestiques appartenant à la population; à injurier et insulter les musulmans dans les rues et les endroits publics; à extorquer l'argent de paisibles cultivateurs allant à leurs champs; à s'attaquer à l'honneur des femmes qu'ils rencontraient seules dans les jardins. Alors il devint dangereux pour les habitants, d'aller librement vaquer à leurs affaires dans leurs terres et propriétés; l'ordre et la tranquillité publique furent gravement compromis. Les plaintes de la population se multiplièrent en conséquence. Ces forfaits commis envers la population s'aggravèrent chaque jour.

La pendule se trouvant au poste de gendarmerie de l'Hôtel gouvernemental et les équipements des gendarmes furent pris par les soldats hellènes; la pendule fut retrouvée au moment où elle était en vente au marché et les armes furent données aux habitants grecs chez qui elles furent retrouvées plus tard. Les bandes grecques poussèrent l'audace jusqu'à s'approcher des abords de la ville et tuèrent dans la même journée huit paysans qui s'occupaient à ensemencer leurs terres. Par suite de tous ces faits et d'autres agissements ignobles, la méfiance augmenta parmi les habitants et chacun ne pensa plus qu'à assurer sa propre sécurité.

A la suite encore d'une nouvelle agression, j'ai appris que certaines personnes s'étaient défendues à coups de fusil contre les soldats grecs à la station d'Erbeyli. Le lendemain, des forces grecques se trouvant à Kermendjik rassemblèrent 70 à 80 habitants innocents des villages environnants. Les femmes et les enfants furent sauvés grâce à mon intervention, mais des 52 hommes, les 38 jeunes gens tout à fait innocents furent ma[ssac]rés à coups de baïonnette dans la station même d'Erbeyli et, les do[mestiques] vieux et malades, furent envoyés et emprisonnés à Aïdin.

Cette dernière ignominie ayant terrifié au plus haut point la population de la commune, il fut difficile d'empêcher un exode en masse et tous les villages le long de la voie ferrée furent complètement évacués par leurs habitants. Plus tard lors du renforcement des colonnes helléniques concentrées à Aïdin, un détachement important fut envoyé à Kermendjik. Le commandant de ces forces me fit sans raison emprisonner à la station. Là, les soldats grecs et les bandits grecs agissant de concert avec eux, me dévalisèrent de tout ce que j'avais sur moi, et me prirent jusqu'à mes souliers. Je fus horriblement maltraité, injurié et battu pendant deux jours. Pendant ce temps un autre groupe d'assassins composé des malandrins grecs de la région et de la soldatesque hellénique, s'abattirent sur ma maison. Ils volèrent et pillèrent meubles, argent, bijoux, tout ce que j'avais pu amasser pendant vingt années de carrière et de labeur. Ma vieille mère, ma femme furent battues, ma fille fut blessée à l'arme blanche ; ma petite fille âgée de huit ans et mon fils âgé de quatre ans, furent tués sous les yeux de leur mère à coups de baïonnette et avec des tortures inimaginables. L'assaut aux domiciles privés, le pillage, le massacre et la torture furent étendus aux autres habitants. Une foule de gens, des vieillards, des femmes, des enfants, la plupart des villageois de Néchétié, qui travaillaient dans les champs ou passaient par les routes, des deux côtés de la voie ferrée à partir de Balladdjik, furent tous arrêtés par les soldats grecs ; le directeur des télégraphes de la commune se trouvait parmi eux ; ils furent emmenés en masse et incarcérés dans le Han d'Ismaïl Agha à Kermendjik. Le défaut de toute nouvelle sur le sort de ces pauvres gens renforce la croyance qu'ils furent aussi assassinés.

Pendant mon arrestation et au moment où se déroulaient ces événements, je fus appelé pour donner quelques explications à un colonel anglais et à M. Hoder qui étaient venus à la station de Kermendjik pour se rendre compte de la situation. On m'emmena auprès d'eux. Je leur racontai en détail l'agression lâche dont ma personne, ma famille et les habitants en général, avions été l'objet ; je leur expliquai la terreur et l'exode de la population vers les montagnes par suite de l'insécurité et alléguant le danger auquel ma propre vie était exposée, je leur dis que je ne les quitterais plus et que je ne m'éloignerai pas du train. Ils m'emmenèrent et j'arrivai à Aïdin avec eux.

J'ai fait mon rapport à la Sous-Préfecture et n'ayant pas trouvé le moyen de rentrer je suis resté ce jour-là à Aïdin. Le lendemain sur l'offensive entreprise par les forces helléniques, la bataille venait de s'engager entre elles et la population qui défendait le pont du Méandre. Je me réfugiai et me cachai tout seul dans la maison vide que Moustapha, agent de la régie à Kermendjik, possède à Aïdin. L'incendie allumé par les Grecs ayant atteint aussi cette maison, je me sauvai dans la rue, où grâce à Dieu je ne fus pas atteint des balles de mitrailleuses dont les Grecs usaient continuellement sur tous ceux qui tentaient de fuir l'incendie.

Les forces grecques en retraite après la bataille de Méandre ont pillé, incendié et complètement détruit les villes de Kara Pouuar et Kermendjik, les villages Réiss, Hizir Beyli, Sandoukli, Mamouré-t-ul Hamid, Kipti-Muslim, Sinir Tekké, et ont massacré la population entière de ces villes et villages, vieillards, hommes, femmes, enfants, sans exception. Sur les 12,000 habitants que comptait la commune, les 1800 qui n'avaient pas eu le temps ou le moyen de se sauver furent de la sorte anéantis. Les biens et les propriétés de ceux qui restent furent pillés et incendiés ; eux aussi sont donc ruinés. Ceux qui furent épargnés du fléau hellénique n'ont pu sauver que leur vie; ils se sont réfugiés dans la zone d'occupation italienne aux communes et Kazas de Sobidjé, Seuké, Tchiné et au sud de Méandre. Ils sont tous dans un état de misère et de désespoir indescriptibles. Et cette commune la plus peuplée et la plus riche du Sandjak n'est plus qu'un grand désert, un monceau de ruines.

Dans ces conditions, comme il ne restait plus de fonctions à exercer dans la commune et comme d'ailleurs ma maison est brûlée, mes biens pillés, ma famille dispersée et disparue, je quittai la commune et me mis à leur recherche. J'ai retrouvé ma famille à Kotcharly et nous nous sommes installés à Kir-Obassi, chef-lieu du Kaza de Tchiné; d'où j'adresse ce rapport à V. E.

Je vous prie, M. le sous-préfet, d'agréer, etc.

Le Gouverneur de la Commune d'Iné-Abad
MEHMED EMINE.

Lettre adressée par Chukri Bey, commandant des forces nationales, au commandant des contingents italiens de Tchiné, pour être remise aux Représentants d'Italie, des Etats-Unis, d'Angleterre et de France.

Les Grecs, qui ont occupé Aïdin et la région environnante, se sont mis, après une courte période de calme, à pratiquer avec une sauvagerie inouïe la politique d'extermination de l'élément turc, dans le but de pouvoir revendiquer et se faire annexer ces contrées dont les 95 % de la population sont Turcs et Musulmans. Les massacres, les forfaits abominables, l'incendie des villages entiers et des quartiers turcs, tous ces crimes perpétrés par les Grecs constituent une honte pour notre ère de civilisation. Pour avoir été victimes d'actes aussi odieux, quelles fautes ont donc bien pu commettre ces femmes, ces enfants, ces pauvres gens innocents qui ne vaquaient qu'à leurs affaires. Ils ont été pris sous le feu des bombes, des fusils et des mitrailleuses. Ils ont été jetés dans des maisons en feu et brûlés vifs; ils ont eu les yeux crevés, la tête fracassée, ils ont été jetés dans des puits; les voyageurs turcs furent descendus des trains, les femmes et les jeunes filles furent violées sous les yeux de leurs maris et de leurs parents, les hommes assassinés en masse; et à la suite de ce régime de terreur, à cause de ces crimes et de ces massacres la population musulmane de Seuké jusqu'à Aïdin, dépouillée de ses biens, souffrant de la faim et de la misère, dut se réfugier dans la zone italienne au sud du Méandre, pendant qu'une partie se réfugiait dans les montagnes. Pourquoi cette sauvagerie? Quel chrétien fut-il molesté jusqu'à ce jour dans ces régions par la population musulmane de la région d'Aïdin, pour que celle-ci ait mérité d'aussi odieux traitements. Les quelques Grecs venus des divers côtés et établis à Aïdin et aux alentours forment la classe la plus aisée et la plus heureuse de la population. Ce bonheur, cette aisance, ne sont-ils pas le fruit de la bonne entente et de l'assistance bienveillante de la masse turque? Qui pourrait nier cette évidence? Les Turcs sont-ils des créatures en dehors de la grande famille humaine pour qu'ils ne soient pas défendus contre d'injustes agressions? Nous le demandons à la conscience de l'Humanité? Je prends à témoin les Italiens, les Français, les Anglais qui vivent à Aïdin et qui ont toujours été traités, non pas en étrangers mais en compatriotes. Je les exhorte à dire si les villageois turcs ont leurs pareils parmi leurs voisins pour agir avec autant de calme et de mansuétude. En butte aux attaques perfides et à une oppression ignoble, les Turcs ont naturellement aujourd'hui recours aux armes, et sont décidés à défendre leur vie et leur patrie contre la sauvage incursion des Grecs.

Au nom de la conscience humaine je vous supplie de faire en sorte que la question d'Aïdin soit étudiée au point de vue humanitaire et que la population soit délivrée du régime barbare de l'occupation grecque; que les habitants reprennent leurs droits et leur liberté. Je propose aussi que l'on demande aux Français, Anglais et Italiens établis à Aïdin, aux gendarmes et au vice-consul français et aux sœurs catholiques, avec quelle bienveillance la population grecque fut traitée lors de la réoccupation de la ville par les forces civiles qui combattent sous mes ordres. Les Grecs, ceux-là même qui avaient personnellement pris une part active aux crimes et forfaits de la soldatesque hellénique eurent la vie sauve et furent protégés contre la vengeance pourtant justifiée de la population turque si diaboliquement martyrisée. Les Grecs avaient massacré même les enfants au berceau. Ils ont cru de leur intérêt de tuer tous ceux qu'ils rencontraient.

Je vous prie de vouloir bien faire entendre aux Grandes Puissances de l'Entente que nous les prions au nom de l'humanité de rendre le calme et la tranquillité à ce pays en mettant fin au régime ignoble des aventuriers grecs et en renvoyant les forces d'occupation helléniques. Ainsi serait possible le retour à ses foyers d'une nombreuse population turque qui a souffert tous les tourments de l'enfer.

Je vous prie, Monsieur le Commandant, d'agréer, etc.

Signé : CHUKRI
Commandant des forces nationales de la région d'Aïdin.

Rapport du Commandant de la place d'Aïdin

En ma qualité de commandant de la place, étant resté à Aïdin durant l'occupation hellénique, je rapporte ci-dessous de quelle façon les massacres d'Aïdin furent préparés et exécutés par les autorités militaires grecques :

1. — Les Grecs ont dès le premier jour exigé la remise entre leurs mains des armes de la population turque et proclamé que les contrevenants seraient fusillés. Avec les armes ainsi ramassées ils ont armé toute la population grecque locale.

2. — Ils ont imposé le chapeau comme coiffure obligatoire pour tous les non-musulmans, Grecs, Arméniens et Juifs. Cette mesure tendait à éviter toute erreur lors des massacres; tous ceux portant le fez (coiffure nationale turque), étaient désignés comme victimes exclusives.

3. — Ils ont ordonné le changement des écriteaux des boutiques grecques et arméniennes et leur remplacement par des écriteaux en langue grecque. Ceci pour empêcher la molestation des non Turcs, lors du pillage de la ville.

4. — Ils coupèrent les conduites d'eaux des quartiers turcs, pour empêcher l'extinction des incendies qu'ils voulaient allumer.

5. — Ils défendirent strictement aux chrétiens de protéger ou d'héberger même un seul Turc. Aucun Turc ne pourrait ainsi échapper au massacre général prémédité.

6. — Après avoir de la sorte pris les mesures nécessaires, ils n'attendaient plus que le moment propice pour perpétrer l'horrible attentat. L'approche des forces turques lors de leur contre-offensive contre l'avance grecque vers le pont du Méandre fut l'occasion attendue. Ils mirent d'abord le feu aux quatre coins des quartiers turcs et, par des mitrailleuses ou des soldats et civils grecs armés, postés aux coins des rues, sur les bâtisses hautes et les minarets, ils ouvrirent le feu sur la population civile turque qui, terrifiée, voulait fuir l'incendie. Les morts et les blessés, tombés ainsi dans les rues, étaient rejetés dans leurs demeures en flammes et nombre de pauvres gens, des vieillards, des femmes, des enfants en bas âge furent brûlés vifs.

7. — Quand l'incendie se rapprocha de chez moi, nous nous retirâmes dans une maison voisine avec ma famille. Y compris des femmes et des enfants, nous étions vingt-cinq personnes. Une heure après le coucher du soleil, la porte fut enfoncée et une dizaine de soldats grecs et quelques apaches grecs du pays pénétrèrent dans la maison. Après avoir dépouillé et deshabillé tous ceux qui se trouvaient là, ils voulurent emporter quatre petites filles de moins de quatorze ans. Sur les supplications et les lamentations de ces pauvres petites et de leurs parents, ils commencèrent à nous insulter en turc

en des termes d'une grossièreté incroyable. Ils commencèrent ensuite à torturer et à massacrer ces pauvres êtres. Au moment où ils avaient déjà tué trois femmes, deux hommes et quatre fillettes, je pris les membres de ma famille et me sauvai par une porte de communication dans une maison voisine déjà atteinte par l'incendie. C'est au prix d'incroyables difficultés que nous parvînmes à nous sauver. Pendant ces événements, les Grecs m'ont dépouillé de près de mille livres turques, dont la plus grande partie appartenait à ma belle-mère et à des personnes turques, et des bijoux d'une valeur de plus de cinq cents livres.

Il faudrait des volumes entiers pour décrire tous les crimes et forfaits commis par les Grecs. Les moindres des choses dont s'honorent ces champions de la civilisation furent d'égorger les enfants, de couper des oreilles, des nez, des mains, des pieds, de fourrer toutes sortes de choses dans les organes génitaux des femmes et de les exposer ainsi à la risée de leurs congénères grecs.

Annexe

1. — Il est établi par divers témoignages qu'une femme du quartier Terziler a eu un bras coupé et fourré dans son organe sexuel, et un sein coupé et introduit dans sa bouche.

2. — Le cadavre d'une autre femme nue et la partie droite brûlée, et ayant des blessures de balles sous les seins a été vu près du Pechtemaldji Tekkéssi, par le capitaine Behaeddine Effendi, de la 57ᵉ division.

3. — Le cadavre d'un homme dont les pieds et les poignets étaient liés avec des fils télégraphiques et qui avait été tué en ayant les artères des bras et des jambes tranchés, fut apporté à la cour du Quartier Général de la division.

4. — Un Musulman a été égorgé dans la salle du tribunal de la bâtisse affectée au Commandement hellénique à Aïdin. Ce pauvre homme, dont l'identité n'a pu être établie, a eu la tête tranchée sur une chaise avec des tortures incroyables. La chose a été vue par le capitaine Husni bey de l'Etat-major de la 57ᵉ division.

5. — Le sommelier de l'Hôtel de Smyrne, Hassan et son hôte Moustapha Effendi, ont été tués en fuyant l'incendie. Leurs cadavres

ont été montrés à l'agent anglais, M. Hoder, par le propriétaire de l'hôtel.

6.— Quartier Dukkan Eunü : On entra chez Hadji Yahya Effendi, vieillard, un des notables les plus en vue d'Aïdin et, après lui avoir pris tout ce qu'il possédait en argent et en objets précieux, ils l'égorgèrent avec sa femme.

7. — Arabe Hadji Hafiz du quartier Koz Dibi, assassiné au moment où il se rendait à son champ.

8. — Dans le même quartier, Hadji Rachid Effendi et sa femme ont été tués en fuyant l'incendie.

9. — Zehra Hanoum, sœur de Ahmed Effendi, propriétaire de l'Hôtel de Smyrne, tuée en fuyant la zone du feu.

10. — La femme et la mère de Moustapha Effendi, employé au tribunal de Chéri, tuées dans les mêmes circonstances.

11. — L'avocat Edhem bey, notabilité la plus connue de la ville, d'une vieille famille, a été pris de chez lui avec sa femme et ses cinq enfants et emmenés au quartier grec. Et là, ses quatre enfants âgés de un, trois, sept et neuf ans furent cruellement égorgés et mis en lambeaux. Edhem bey et sa femme furent sauvés par l'arrivée des forces turques qui occupèrent Aïdin.

12. — Kadi Keuylu Mehmed Ali Effendi, du quartier Ramazan Pacha, a été tué à coups de baïonnette et son cadavre jeté dans sa propre maison qui brûlait.

13. — Les deux frères Djemal et Raghib beys, fils de Ali Effendi, après avoir eu les yeux crevés, furent tués à la baïonnette et leurs cadavres brûlés.

14. — Nakié Hanoum, âgée de douze ans et fille de Cheikh Aziz, encore une notabilité d'Aïdin, fut tuée en s'échappant de l'incendie du quartier Débaghli.

15. — Le docteur Ismael bey, sa femme et ses deux enfants, âgés de deux et cinq ans, furent emmenés de force au quartier grec où, après avoir fait subir les derniers outrages à Mme Ismael bey et éventré leurs enfants devant leurs parents, les deux pauvres époux furent à leur tour fusillés près du pont de Nazilli.

16. — La sœur de Hussein effendi du bureau de circonscription militaire fut violée et ensuite égorgée.

17. — Au quartier Dukkan Eunu des Grecs pénétrèrent chez Kildji Zadé Ismael Effendi et après avoir fait subir les derniers

outrages à sa femme, ils l'égorgèrent avec ses deux enfants en bas âge.

18. — Hafiz Emine effendi du même quartier tué. Du même quartier Hafiz Ahmed Effendi, fils de Hadji Yahya effendi, dont l'assassinat avec sa femme avait été relaté plus haut, a été tué aussi.

19. — Le lieutenant en retraite Adali Zia Bey et son frère assassinés et sa femme baptisée de force et appelée Maria, fut outrageusement violée et tuée.

20. — Hasssib, fils de Moustapha, d'Orta Mahallé tué en fuyant l'incendie.

21. — Au quartier Djouma, Balikdji Oghlou Suleiman et sa femme assommés chez eux.

22. — Du même quartier, Hammal Kadry tué chez lui.

23. — Du même quartier, Ali bin Hadji Suleiman tué chez lui.

24. — La fille de Hussny bey tuée.

25. — Au quartier Kémer, Abdi et Dana Mehmed furent emportés de chez eux, et après leur avoir crevé les yeux, coupé le nez et dépecé la peau du visage, les soldats grecs les tuèrent à coups de bayonnette.

26. — Imam Oghlou Mehmed tué.

27. — Ibrahim, domestique de Houdayi Effendi tué.

28. — A Dukkan Eunü, des Grecs sont entrés de force chez l'épicier Mehmed, ils violèrent sa femme et sa fille et les tuèrent tous les trois.

29. — La femme Zéliha tuée à Ak Mesdjid.

30. — Aïché, la fille de Hadji Mehmed, tuée.

31. — A Djouma, le charbonnier Mehmed tué avec sa mère âgée de 60 ans, qu'il transportait sur son dos pour la sauver de l'incendie.

Protestation des habitants turcs des régions dévastées par les Grecs.

Nous dénonçons au monde civilisé la politique d'extermination de l'élément turc, pratiquée, surtout depuis le départ des représentants anglais, M. Whitall et Lieutenant Grant, par les Grecs et par les autorités helléniques qui ont occupé le Sandjak d'Aïdin, contrairement aux décisions des Puissances.

130 voyageurs turcs qu'on força de descendre du train à la station d'Azizié furent emmenés dans un ravin voisin de la gare, là, après avoir tout d'abord violé les femmes sous les yeux de leurs maris ou de leurs parents, les Grecs les massacrèrent tous avec d'incroyables tortures. Les Grecs ont incendié tous les villes et villages de la zone d'occupation et ils ont tué, brûlé vifs ou entassé dans des puits, femmes, enfants, vieillards, bref enfin tous les Turcs qui tombaient sous leurs mains. Ils ont assassiné en cours de route, avec d'autres malheureux, tous les notables qu'ils emmenaient de Nazilli et d'ailleurs; ils ont assassiné en pleine rue un tas de pauvres gens qui étaient arrêtés pour des prétextes futiles et qui soi-disant étaient conduits en prison. Ils sont entrés par la force dans les maisons, violé les femmes et les jeunes filles, tués les maris et les enfants; les fonctionnaires et les notables ne furent épargnés sous aucune raison.

On imposa aux non-musulmans l'obligation de porter le chapeau; des bidons de pétrole furent placés dans diverses parties des quartiers turcs; les eaux des quartiers musulmans furent coupées; les signes spéciaux furent mis sur les maisons et les boutiques des non-musulmans; tout cela présageait un massacre général de la population turque dans la ville d'Aïdin.

Les troupes helléniques ont sans aucune raison attaqué le 28 juin les avant-postes des forces nationales qui gardaient le pont sur le Méandre. Elles se sont intentionnellement retirées de façon à livrer le combat qu'elles avaient provoqué dans la ville d'Aïdin. En plaçant des mitrailleuses posées sur les minarets et les maisons plus ou moins hautes, en mettant d'autre part le feu aux quartiers turcs, en employant même de l'artillerie dans la ville, elles ont fait dégénérer la bataille en un massacre général. Les Grecs ont en outre abattu à coups de fusils et de mitrailleuses postés à tous les coins, les pauvres malheureux, hommes, femmes et enfants qui tentaient d'échapper au feu; beaucoup d'entre les fugitifs ainsi empêchés de sortir, furent brûlés vifs dans leurs maisons ou calcinés sous les décombres. Quant aux bâtisses non encore atteintes par l'incendie, elles furent toutes criblées de projectiles d'artillerie et ceux qui se trouvaient dedans furent tués ou blessés.

Ce combat-massacre qui dura trois jours fut par la miséricorde divine, terminé par la retraite en débandade des hordes helléniques devant les forces nationales inférieures en nombre et en moyens, et les survivants des massacres furent ainsi sauvés de la férocité hellénique. Par contre, les particuliers anglais, français, italiens, et les personnalités officielles étrangères, et même nos compatriotes grecs eux-mêmes peuvent attester de la bonté avec laquelle les Turcs se sont conduits envers les Grecs, envers ces assassins même qui, barricadés dans l'église ou dans leurs maisons, attendaient le juste châtiment de leurs ignobles forfaits.

Mais les hordes helléniques mises en déroute à Aïdin, ayant reçu des renforts de Smyrne et d'ailleurs, sont revenues à la charge et pratiquent leurs crimes et leur ignominie avec plus d'audace qu'auparavant. Ces hordes se sont avancées sur Aïdin en incendiant, détruisant, pillant, tuant sur leur passage tout ce qui restait, tout ce qui avait pu survivre aux massacres précédents.

Les Musulmans d'Aïdin et de la région qui ont pu se sauver à temps se sont réfugiés dans les montagnes, les parties désertes des vallées, et dans la zone d'occupation italienne au sud de Méandre. Les 95 % de la population du Liva d'Aïdin sont turcs. Le monde civilisé approuve-t-il la barbarie des Grecs et les massacres perpétrés par eux pour détruire cette écrasante majorité ? La population turque d'Aïdin s'était pourtant conduite avec bienveillance envers les chrétiens en général et les Grecs qui vivaient tranquillement parmi nous jusqu'à ce jour. Les Musulmans sont persuadés que l'Humanité et les Puissances civilisées ne sauraient approuver ces pratiques barbares sans précédent dans l'histoire.

Pour sauver la vie à des centaines de mille habitants paisibles, qui se sont réfugiés dans les montagnes et les régions avoisinantes et qui se trouvent dans un état de dénuement et de détresse incroyables, nous vous prions de mettre fin d'urgence à l'occupation hellénique du Sandjak d'Aïdin.

Suivent quelques centaines de signatures des députés, des membres du Conseil général, du président et membres de la municipalité.

II

La Ligue de Défense Musulmane (33, Palace Street Westminster) transmet à la Ligue Ottomane par l'entremise de la Société anglo-ottomane de Londres, la lettre ci-après d'un officier britannique qui fut témoin des événements de Smyrne.

Smyrne, le 21 mai 1919.

« Je vous écris au sujet des affaires de Turquie. J'espère que vous pourrez trouver des amis à la « Chambre » pour poser des questions au sujet des scandaleux événements qui se sont déroulés à Smyrne lors du débarquement des troupes grecques. Je suis arrivé à Smyrne le lendemain et j'ai eu une connaissance complète de ce qui s'est passé par les récits des Anglais et des Turcs.

« Les autorités turques ont publié, la veille du débarquement, une circulaire enjoignant à tous les fonctionnaires civils et militaires de n'opposer aucune résistance, et les troupes comme les officiers reçurent l'ordre de consignation en certaines positions et à certaine heure dont le G. Q. G. fut aussi avisé.

« L'ordre semble avoir été exécuté, mais les troupes grecques entrèrent par force dans certaines de ces places où se trouvaient des officiers turcs et tuèrent tous ceux qui refusaient de crier : « Zito Venizelos ». On m'a affirmé que deux à trois cents officiers avaient été tués ainsi, mais je ne peux pas statuer exactement sur leur nombre.[1]

« Des officiers ont été dépouillés de leur uniforme par les soldats grecs et laissés en chemise et grelottant de froid. Les soldats grecs se sont chaussés avec les souliers pris aux Turcs. Le Vali a été traîné tout le long du quai, les bras levés et emmené comme

---

[1] La Ligue ottomane est en possession d'une liste, laquelle quoique incomplète, renferme à elle seule près d'une centaine de noms d'officiers supérieurs et autres. Les autorités militaires turques n'ayant pas actuellement le moyen d'enquêter sur les lieux, les noms de beaucoup d'officiers se trouvant à Smyrne en garnison ou en congé et qui furent assassinés par les Grecs ne figurent pas sur cette liste. De même les agents et officiers de Police et de Gendarmerie, particulièrement traqués par ces assassins ne sont pas cités. Le nombre de deux à trois cents, rapporté dans la lettre de l'officier anglais est donc au-dessous de la réalité.

prisonnier sur un bateau grec. Sa coiffure fut enlevée et foulée aux pieds.[1] Sa femme, une dame respectable, fut insultée et sa maison saccagée. Le chef de l'état-major turc fut piqué au visage à la baïonnette, et jeté dans un transport grec parmi les bestiaux.[2] Le médecin en chef du corps d'armée turc fut assassiné et jusqu'à lundi dernier son corps n'avait pas été retrouvé.[3] Le commandant d'artillerie fut aussi tué[4] et son frère, un jeune docteur, fut dévalisé de tout ce qu'il possédait, jusqu'à sa bague de fiançailles. Il m'a montré les marques faites à ses doigts pour l'enlever et m'a dit que dans certains cas des doigts avaient été coupés pour enlever les bagues. Sa femme, une Russe, fut aussi dévalisée.

« Un lieutenant-colonel turc que j'ai rencontré à l'hôpital, m'a dit que la valeur de ce qu'on avait laissé chez lui ne pouvait suffire à payer le prix d'un dîner. Tout ce qu'il avait, avait été pris et sa femme dépouillée jusqu'à ses plus insignifiants bijoux.

« Ces quelques cas sont ceux que j'ai vus moi-même ; partout il en a été de même. Dans les villages, les maisons ne furent pas seulement pillées, mais incendiées et détruites.[5] Les maisons des classes plus aisées, qui étaient trop solides pour être facilement détruites, les portes et les fenêtres et parfois même la toiture furent enlevés.

« Que faisait donc la flotte Alliée en ce moment pour avoir permis que des faits pareils pussent se dérouler librement. Quant aux Grecs, tant militaires que civils, ils avaient tous la main dans ces forfaits et ce n'est que lorsqu'ils ne purent faire autrement que les Turcs ouvrirent le feu. La prétention grecque comme quoi Smyrne serait hellé-

[1] Le général Ali Nadir Pacha, commandant le corps d'armée turc, subit le même sort, sans égard à son uniforme et à son grade. Il fut même giflé par un soldat grec, en pleine rue. Nous soulignons particulièrement ce fait. Il dénote le degré de discipline et l'esprit chevaleresque de cette horde.

[2] Lieutenant-colonel Abdul-Hamid bey.

[3] Le médecin lieutenant-colonel Chukri bey. Son corps attaché à une grosse pierre fut jeté à la mer et ne fut retrouvé que douze jours plus tard, soit après la rédaction de la lettre de l'officier anglais.

[4] Il y eut plusieurs commandants d'artillerie tués ou disparus. On veut probablement parler dans cette lettre du major Mahmoud Nedim bey, commandant de l'artillerie lourde et qui fut lâchement assassiné.

[5] Des villages entiers furent ainsi saccagés ou anéantis. A Biroun-Abad, par exemple, une charmante banlieue de Smyrne, habitée par la colonie anglaise, la plupart des maisons turques furent pillées sous les yeux des Anglais. Djouma Ovassi, dans les environs de Boudja, encore une banlieue de Smyrne, Gueurédjé et maints autres furent complètement dévastés.

nique est très discutable. Les chrétiens, il est vrai, sont en majorité ici, mais non pas les chrétiens grecs. Entre les Ottomans grecs et les Turcs il y a bien plus de Turcs que de Grecs.

« En d'autres localités, comme à Manissa, que les Grecs vont occuper à ce qu'il paraît, les quatre cinquièmes de la population sont musulmans.

« Il y a peu de villages purement grecs près de Smyrne, mais la masse de la population est musulmane. Est-ce qu'il n'y a pas moyen de faire quelque chose pour envoyer une commission interalliée dont les membres connaîtraient le pays et qui pourraient établir la proportion et les droits de la population?

« Si le principe d'auto-disposition de M. Wilson doit être appliqué, il doit l'être aussi bien pour ce pays que pour un autre. Ce peuple doit pouvoir choisir son mandataire — si on considère absolument nécessaire *de le séparer de la Turquie.*

« Il y a aussi des droits tant anglais qu'étrangers à prendre en considération à Smyrne. Sous le régime capitulaire et grâce aux droits extra-territoriaux dont ils jouissent dans ce pays, les étrangers ont constitué une communauté commerciale très florissante dont quelques maisons des plus importantes sont anglaises. Est-ce nous qui avons sacrifié tant de sang et dépensé tant de sommes pour la conquête de la Turquie, qui permettrons que nos propres nationaux soient ruinés par la mauvaise administration grecque? C'est un fait connu qu'en Grèce même les maisons anglaises ont été incapables de travailler avec succès.

« En Turquie les taxes fiscales sont légères, tandis qu'en Grèce les impôts annihilent simplement toute initiative. Est-il juste que cette communauté marchande anglaise soit exploitée aux bénéfices de la Grèce? Et aussi, que fera-t-on de l'armée indienne? Que dira la partie musulmane de cette armée quand elle apprendra qu'eux et leurs amis se sont battus, et se sont fait tuer pour remettre un grand nombre de leurs frères musulmans entre les mains de leurs pires ennemis les Grecs, le peuple le plus fanatique qui existe et qui se dit chrétien. Etant en service, je ne puis pas écrire dans les journaux. J'ai peu d'amis qui s'intéressent aux choses de Turquie. D'autre part, ce pays est discrédité chez nous par les calomnies dont on l'accable. Mais si l'on désire quand même réaliser un peu de justice et si vous avez des amis qui peuvent faire quelque chose pour réveiller l'opinion publique, tâchez de les intéresser à cette œuvre. Ce ne serait certainement pas travailler pour la paix que de laisser Smyrne entre les mains des Grecs. »

Un officier anglais.

Note de la Ligue

Effectivement trois questions furent posées à la Chambre des Communes par les députés Aubrey Herbert et Kenworthy en réponse auxquelles M. Harmsworth, sous-secrétaire d'État au Foreign-Office, reconnut en principe le bien fondé des accusations portées sur les Grecs et promit d'enquêter officiellement.

C'est à la suite de cette déclaration et des doléances exprimées par le Scheïkh ul Islam qu'une Commission d'enquête interalliée a été désignée pour aller étudier les choses sur place ; que le général Paroskévopoulos a été rappelé de Smyrne et que deux officiers supérieurs grecs ont été condamnés avant même que la Commission ait commencé ses travaux.

M. Pierre Loti nous communique la lettre personnelle suivante qu'il a reçue d'un de ses camarades de la Marine française, présent au débarquement des Grecs à Smyrne ; il ajoute que tous les autres officiers français relatent cet événement avec la même indignation mais que la censure interdit de le publier en France :

« Le 15 mai 1919, à 7 h. 30 du matin, les cuirassés grecs *Avéroff* et *Limnos*, suivis de plusieurs bâtiments de transport, mouillaient devant Smyrne, et, sans qu'aucune notification de ce coup de force ait été donnée aux autorités ottomanes, les troupes helléniques commençaient à débarquer, sous le commandement du colonel Zaphiriote. Ces troupes se composaient d'un régiment d'evzones, et des 40ᵐᵉ et 50ᵐᵉ d'infanterie.

Une foule immense était accourue sur les quais. Le Métropolite avait cru devoir venir attiser l'enthousiasme de la plèbe orthodoxe par des manifestations religieuses d'une opportunité contestable.

Les Turcs, cependant, n'avaient opposé aucune résistance au débarquement, leurs troupes étaient restées enfermées dans les casernes. Mais *on* avait préparé de longue main le *petit incident* qui devait permettre « aux fiers conquérants » de se livrer impunément à des sévices, longuement prémédités, sur la population musulmane. Comment cet incident désiré ne se serait-il produit? Les agents provocateurs étaient bien à leurs postes, et, pour plus de sûreté, la Croix-Rouge hellénique avait équipé les deux bandes de comitadjis les plus ignobles de Macédoine, et celles-ci avaient été transportées en Asie-Mineure par des torpilleurs grecs.[1]

A force de provocations et de fanfaronnades, on parvint à faire perdre patience aux Turcs; quelques coups de feu partis, ou soi-disant partis de leurs rangs, donnèrent le signal attendu du massacre. Les Grecs se ruèrent dans les casernes, dont les occupants furent tués ou blessés.

Sur les quais, on dévoile, on insulte les femmes turques. On crie aux Musulmans : « J'em... ton prophète et ta religion[2]. » On les oblige à enlever leurs fez et à les fouler aux pieds. S'ils refusent, on les jette à la mer ou on les larde de coups de baïonnette.

Dans leur fureur stupide, les Grecs massacrent une quinzaine de leurs compatriotes, qui portent la coiffure ottomane en qualité de fonctionnaires; ils assassinent le chef de la gare du chemin de fer français, deux Italiens et un sujet anglais, etc.

Le commandement hellénique ayant décrété l'état de siège, le meurtre et le pillage sont désormais sous la protection de la force armée. Le 40me d'infanterie pactise avec les voleurs et les assassins; les autres régiments ne tardent pas à les imiter. On emprisonne les Turcs en masse et on met leurs maisons à sac.

Mais les Grecs ne s'en prennent pas seulement aux biens des Musulmans : ils pillent le dépôt de la Banque Ottomane, le garde-meubles du Consulat de France, etc...

On a eu l'infamie de donner des armes aux *Palikares*, autrement dit aux bandits qui forment la populace grecque de Smyrne. On en a donné aussi à leurs femmes, et ces dernières s'en servirent pour

---

[1] Il est établi par les rapports des diverses autorités que les apaches grecs de Smyrne, qui étaient venus accueillir les forces helléniques et les avaient encadrées, portaient tous ouvertement des revolvers. Soit intentionnellement, soit accidentellement un coup de feu parti de leur rang, occasionnant une panique indescriptible parmi les « fiers conquérants » fraîchement débarqués, les braves evzones fuyaient dans toutes les directions en tirant des coups de feu, ce qui accentua les désordres. C'est alors que d'autres troupes grecques qui suivaient les premiers contingents ouvrirent le feu contre la caserne turque non défendue. Malgré tous les signes qui leur furent faits, malgré le drapeau blanc immédiatement hissé, les Grecs continuèrent à tirer contre les officiers turcs désarmés la veille.

[2] Le mot *Nazzou* est fréquemment à la bouche des Grecs.

outrager les cadavres des Turcs entassés à l'hôpital ottoman.

Les rues continuent à présenter l'aspect de tous les crimes et de toutes les lâchetés.

Un vieux colonel turc, malade et quasi impotent, est rencontré par les *Palikares* (c'est-à-dire *braves*); il est criblé de coups de baïonnette. Aux portes de la ville, trois gendarmes sans armes rentrent paisiblement chez eux en voiture, ignorant tout à fait ce qui se passe à Smyrne : ils sont massacrés avec des raffinements de cruauté.

Sur un autre point, un officier de notre marine aperçoit une patrouille grecque emmenant un vieillard, sur la tête duquel un caporal frappe à grands coups de crosse.

— « Pourquoi frappez-vous ainsi ce vieil homme désarmé? demanda-t-il au gradé. »

— « Parce que c'est un homme dangereux. On a trouvé chez lui des armes. »

— « Quelles armes ? »

Vérification faite, ces armes se composaient de 200 grammes de petit plomb, 100 grammes de poudre de chasse, et deux douilles vides !

Parfois, Mars doit céder le pas à Mercure. Des patrouilles circulant dans les rues, d'honnêtes hellènes du crû s'offrent à les guider chez tel ou tel homme *dangereux*, qu'ils leur désignent. Comme cet homme dangereux se trouve toujours, par un heureux hasard, être le créancier de son dénonciateur, son compte est vite réglé.

Pendant ce temps, les Turcs faits prisonniers ne reçoivent rien à boire ni à manger. Des officiers anglais vont les visiter, ils protestent contre cette odieuse inhumanité. Effrayée, l'autorité militaire hellénique permet aux femmes turques de porter de la nourriture aux captifs; quand elles se présentent avec leurs provisions, les jeunes gens grecs les bafouent, les dévoilent et ne les laissent passer que si elles portent à la main un drapeau de papier aux glorieuses couleurs de la Hellade.

Telle est la vérité sur le guet-apens de Smyrne, et nous espérons que la lumière se fera jour, en dépit de tous ceux qui *gagnent* à ce qu'elle reste sous le boisseau. Le bilan de l'entrée des Grecs à Smyrne se monte à 300 Turcs morts et 600 blessés.[1]

----

[1] Voir note page suivante.

Voici comment les journaux français racontent cette mémorable journée :

« Les troupes grecques ont débarqué à Smyrne au milieu de l'enthousiasme universel. »

Cependant l'enthousiasme du premier moment commençant à se refroidir, le commandement des troupes helléniques se demanda si, malgré le philhellénisme béat de l'Entente, l'affaire de Smyrne ne révolterait pas le public, si celui-ci venait à savoir comment les choses s'étaient passées. Il crut donc bon de courir au-devant des critiques, et publia un ordre flétrissant la conduite de « quelques gens sans aveu », dont le Conseil de guerre ferait bonne justice.

Nous avons la parfaite certitude que ces *gens sans aveu* n'ont rien à redouter de la corde ni de la potence, malgré leurs droits acquis, et que, tout au contraire, ils vivront désormais honorés et à l'abri du souci.

« Les événements de Smyrne, écrivait à ce sujet le journal turc « « Hadissat », ont fait voir que la Grèce est non seulement inca-« pable de se charger d'un mandat sur un autre pays, mais qu'elle a « besoin elle-même d'un contrôle. »

Si l'on désire connaitre l'opinion d'un Arménien, que nous ne ne saurions soupçonner d'une grande partialité en faveur des Turcs, voici comment il apprécie les exploits des descendants de Périclès :

« Nous avons *souvent été assassinés*, disait-il naïvement, mais « jamais les Turcs n'ont fait sur nous ce que les Grecs ont fait sur « eux, et jamais *ils n'ont insulté comme cela à nos croyances.* »

Laissons le mot de la fin au chef d'une des divisions de l'escadre, dont le rapport conclut ainsi :

« La conduite des Grecs a été ignoble. »

Note de la Ligue

L'opinion française a fini par s'émouvoir à la suite des révélations qui furent faites de ces atrocités et c'est la délégation française à la Conférence de Lucerne qui prit l'initiative de protester contre l'occu-

---

¹ D'après les dernières données, le nombre des Turcs massacrés par les Grecs les premiers jours de l'occupation, dans la seule ville de Smyrne, dépasse mille personnes. En comptant les environs immédiats de la ville, ce chiffre monte à plus de cinq mille, sans compter les dégâts matériels évalués à plusieurs millions.

pation arbitraire de l'Asie Ottomane et particulièrement de Smyrne par les Grecs.

Des articles de MM. Pierre Loti, Hyacinthe Philouze, Chavenon, Verax, Saint-Brice, Mistral, Cachin, Charles Saglio, Trezeb, Bernier, Jacques Bainville, dans les journaux français de toutes nuances, signalèrent à l'attention de la Conférence et du gouvernement de la République le danger de se solidariser avec l'entreprise hellénique. Enfin la Conférence ayant fini par tenir, de la Délégation bulgare, des preuves irrécusables de la duplicité de Vénizelos qui, en Août 1918, cherchait le moyen de s'entendre avec les Allemands en Macédoine, ainsi que de la falsification de toutes les statistiques fournies par la délégation hellénique, le crédit grec subit dans la conscience mondiale une baisse aussi forte que sa hausse inexplicable depuis l'armistice.

Circulaire de la Ligue ottomane
en date du 31 Mai 1919. sub. n° 20

La flagrante contradiction existant entre les déclarations des Hauts Commissaires de l'Entente à Constantinople relativement au caractère provisoire des débarquements militaires à Smyrne et la réponse catégorique de Vénizelos à Boghos Noubar ainsi que les proclamations grandiloquentes des commandants des détachements grecs saluant comme un fait accompli le retour de cette ville à la soi-disant mère-patrie ; l'avance continuelle de l'armée hellène dans l'hinterland du vilayet ; l'occupation de Torbali, d'Aïdin et de Magnésie ; les massacres, les déportations, et les arrestations arbitraires des Turcs par les troupes helléniques qui, après avoir, de la façon la plus cruelle, étouffé *ab ovo* les tentatives de résistance légitimes, cherchent à donner le change à l'opinion publique en alléguant qu'elles ne rencontrent aucune opposition ; tous ces faits récents nous imposent le devoir de relever les mensonges et les turpitudes dont les Musulmans sont encore victimes et d'attirer une fois de plus, et plus sérieusement que jamais, l'attention de l'Europe et de l'Amérique sur un état de choses susceptible d'engendrer de graves perturbations en Orient.

La Grèce qui, de l'aveu des plus ardents hellénistes, ne dispose pas d'un personnel gouvernemental *up to date* et d'une ossature administrative adéquate pour son propre territoire d'avant 1912 et qui vit elle-même sous la tutelle étrangère, ne saurait, sans danger pour la tranquillité du monde musulman, étendre sa domination sur un territoire asiatique habité par un million et demi de Turcs contre seulement trois cent mille Grecs.

L'extermination systématique des Turcs de Thessalie, de Macédoine et des Iles, dont plus d'un million ont disparu en l'espace de vingt ans, sans compter ceux qui ont été contraints d'émigrer en Anatolie; la proposition officiellement faite par Vénizélos, acceptée et exécutée en partie, d'échanger ces populations musulmanes contre les Grecs du littoral de l'Asie Mineure; les tout récents massacres des Musulmans en Crète qui provoquent l'indignation des journaux grecs eux-mêmes et l'assassinat de centaines d'étudiants turcs à Smyrne prouvent d'une façon malheureusement trop éclatante l'incapacité notoire des Hellènes à administrer surtout des Musulmans, et l'imcompatibilité absolue de leur régime politique avec l'existence raciale des Turcs.

Particulièrement dans une province telle que Smyrne dont les Turcs constituent presque les quatre cinquièmes de la population, cultivateurs et possesseurs du sol depuis neuf siècles, — c'est-à-dire depuis une époque qui date de bien avant la conquête ottomane, — il est de toute impossibilité que ceux-ci puissent sous n'importe quelle forme, tolérer non seulement la domination, mais voire une simple intervention hellénique. S'il en allait autrement, le jeu fatal de la dynamique sociale se chargerait de rétablir nos droits; mais cela impliquerait nécessairement pour les peuples d'immenses souffrances, qu'il est sans doute dans l'idée de la Conférence de leur épargner.

Les Turcs de Smyrne et d'Aïdin sont, de tous les éléments de l'Empire les plus jaloux de leur indépendance, à telle enseigne que les Gouvernements Ottomans eux-mêmes ont eu souvent de la peine à en venir à bout. S'il pouvait subsister le moindre doute dans l'esprit de la Conférence au sujet de la proportion des Turcs et des Grecs qui peuplent ce vilayet, nous solliciterions un plébiscite impartial dont le résultat ne pourrait que confirmer l'écrasante supériorité numérique des Turcs.

L'occupation même provisoire de Smyrne aussi bien que de son hinterland par les Hellènes créera une source intarissable de conflits de toutes natures et d'anarchie permanente pour toute l'Asie Mineure dont ce port est le débouché naturel indispensable et la principale porte sur la Méditerranée ; tous les principes invoqués par la Conférence en faveur de Dantzig et de Fiume militent à plus forte raison pour le maintien de Smyrne sous la domination turque.

En outre, la présence seule des troupes helléniques sur le territoire ottoman expose tous les Grecs à l'inassouvissable vindicte d'une nombreuse population turque saturée de l'esprit de haine et de vengeance qui caractérise, particulièrement à l'égard des Hellènes, les millions de Musulmans de Thessalie, de Crète, de Macédoine et d'Epire qui, après y avoir enduré d'indescriptibles martyres et les plus affreuses persécutions, — consignées en partie dans le rapport Carnegie, — n'ont pu faire autrement que de s'expatrier et d'émigrer en Anatolie dans les conditions les plus misérables.

Les désordres dont on a excipé à cor et à cri pour opérer les débarquements grecs sont des prétextes qui n'existent pas en réalité ; mais il est certain que la présence ostentatoire des troupes helléniques provoque en ce moment les plus sanglants désordres que le gouvernement et la presse vénizélistes croient devoir maintenant dissimuler.

L'impérialisme hellénique en Orient, depuis l'indépendance de cette nation jusqu'aux annexions de la Thessalie et de la Crète, n'a jamais pu s'exercer que grâce à l'intervention tutélaire de quelques Puissances protectrices de la Grèce. Aussi les Turcs sont persuadés que les Grecs n'oseront rien entreprendre si l'Europe leur retire son encouragement et son appui. L'espoir donné aux Grecs de dominer les Turcs, en flattant la mégolomanie des premiers et en exaspérant les seconds traqués dans leur ultime asile, rendrait désormais illusoire toute tentative d'existence commune pour ces deux éléments condamnés pourtant géographiquement à vivre ensemble ou en voisins.

C'est en sentant ces dangers comme Ottomans et avec la conscience et le regret de tous les malheurs déjà échus que nous prions instamment la Conférence de la Paix de prévenir d'incomparables malheurs éventuels en faisant rembarquer sans retard les troupes grecques ; et pour donner une preuve de plus du caractère convaincu de ce respectueux et douloureux avertissement, nous faisons tenir une copie de cet appel à tous les représentants de l'opinion mondiale.

TABLE DES MATIÈRES